연꽃에 빗방울
내린 날에

시 이승현

라이프하우스

시인 이승현

시집 '어린 슬픔의 연가'(2014) 출간
시집 '부엌 창가의 회색 고양이'(2016) 출간
시집 '고양이와 호랑이와 수정과와 곶감'(2021) 출간

연꽃에 빗방울 내린 날에

초판 발행 2025년 7월 20일
디자인 김PD
펴낸이 이일로
펴낸곳 도서출판 라이프하우스
등록일 2009년 2월 24일
대표 전화 0505)369-3877 / 팩스 0504)319-2150
출판사 블로그 http://blog.naver.com/windpaper
가격 7,000원

이 책에 실린 모든 내용, 디자인, 이미지, 편집 구성의 저작권은 도서출판라이프하우스와 저자에게 있습니다. 허락 없이 복제하거나 다른 매체에 옮겨 실을 수 없습니다.

ISBN 979-11-87271-22-2   03810

머리말

온양에서 장이 서는 날
일월 햇살 좋은 아침
추위 잊은 봄처럼 몸이 가벼워서

멀지 않은 길을 내달려
온양역 기찻길 아래에 장터를 지난다
채소 파는 광주리 마다
대파 향이 물씬 풍기고
냉이 두어 바가지
된장에 끓이면
맛이 좋다

일요일 장날에는
작은 광주리에
청포묵, 도토리묵도 말끔히
저녁 반찬으로 올라오면

맛이 좋겠다

장 서는 날에 서성거리다가

시루떡, 술떡 손에 들고서

삽교천 가는 길에

공세리 표지판이 보인다

포구로 가는 온화한 길목

공세리 성당 마룻바닥이 무척 시원하나

하늘 아래 수백 년을 버틴 보호수가

한 해를 더한다

2025년 6월

시인 이 승 현

차 례

머리말

여수 돌산에 머물다　　10

산 중턱에 푸른 솔　　11

가을 숲　　13

밤배, 그저 달밤에 가는　　15

감이 익는 가을날에　　18

산에는 가을 물이 들었다　　20

원앙들은 북쪽에서 날아왔는지　　21

서도소리를 듣던 추석 보름달에　　23

달을 놓칠까 봐 몰래 숨었다　　25

종달새 날갯짓, 나뭇가지 사이로　　27

바다를 기다렸다　　28

팬케이크, 바나나　　30

내 사랑 M에게 보내는 마지막 편지　　33

여름 바다 마지막 연인　　36

슬픈 별과 함께　　38

ㅁ자 마음 한 구석에　　40

죽은 영혼의 비애　　42

흰 황새 한 마리　　44

회색어치들이 날아요　　46

둥근달이 나무 그늘 아래에　　48

설탕 세 스푼의 여정　　50

가을날의 은행나무 길　　53

고목나무 꽃이 핀다　　55

풍경화가 있는 의상실　　57

온양역에 갔다　　59

오월의 바다　　61

그날, 새장을 걸었다　　62

앵무새가 새장에 앉았다　　64

여름 그림자　　66

연꽃에 빗방울 내린 날에　　67

책장에 가족 사진을 올리고　　68

흰 금붕어 사무실 어항에　　70

계란 국수 맛의 비결　　71

사랑앵무와 나무 십자가　　72

잉꼬, 흰순이와 꺼벙이　　74

샴 고양이 흰 깃털이 돋아났다　　76

팽이를 치던 안서동 길목에서　　78

연탄불 돼지고기 집으로　　80

남산 오르던 길에　　82

겸손한 삶에 관하여　　84

종이놀이한 후 산을 오르고　　86

빛에 기대어 잠자는 에디트　　88
인천에 돌아왔다　　89
하느님, 이 순간이 감사합니다　　91
느티나무 모퉁이 정원　　93
회현동 그 길에서　　95
겨울날 장독대에 앉아서　　97
월미도에 갔다　　99
벽에 시간의 자국이 남았다　　100
백로 한 마리 산 기슭에　　101
가을날 여권을 만들었다　　102
빨강 자동차를 타고서 산길을 돌아　　104
나는 씨앗을 뿌리고 찌르레기는 집을 지었다　　107
단순한 행복은 찾고 복잡한 문제는 멀리하고　　109
겨울 소리가 들리고서　　111
보고 싶어서 더 기다렸지　　113
달지만 쌉싸름한 어렵지만 쉬운　　114
가극의 커튼을 쳤다　　116
아르헨티나의 붉은 탱고　　117
분홍빛 금발머리 PINK BLONDE　　119
한겨울 살얼음을 깨고서　　121
한겨울 얼음 연못에서　　123
농가의 키 큰 나무에 회색어치가　　124
겨울 소리가 흐른다　　125

겨울 물고기   126
나의 파랑새   127
쌩떼밀리옹에 가고 싶다   128
눈 내리는 날에 멸치국수   129
행복은 새가 날아든다고   131
피노 누아 처럼 무섭도록 슬프게   133
숲에 피어나는 흰 그리움   134
문주새 한 쌍이 나뭇가지에 앉았다   135
밤은 마음을 닮았다고 한다   136
파리 하늘에 푸른 눈물을   137
자유의 하늘에 바다 빛을 달겠지   139
한밤중, 반미 바게트를 굽다가   140
삼월에 연둣빛이 들었다   142
밤 11시 30분, 기억의 바늘처럼   144
바닷가의 자유인   146
남색 꽃이 피는 계절에   148
시골 길에서   150
흰 새똥이 검정 자동차 위에   151
크레파스 빛 조약돌이   153
벚꽃이 피는 계절   155
거북이가 자란 아프리카에서   156
어치와 까치 그리고 산비둘기   158

땅콩만 한 새알 하나를 남기고서　　160
하노이의 좁은 길에서　　162
야자나무는 녹색 날개를 펼치고　　164
딱따구리 한 마리 연잎 사이에　　166
제물진두 성당에서　　168
흰 표식을 하기도 했다　　170
태조산은 여름이 좋다　　172
즐거운 회색어치 세 마리가　　174
오리 열 마리 사각 바구니 안에　　175
나무숲을 만들자　　176
씨클로를 기다리며　　177
옛 길을 걷는 그리움　　179
오늘, 둥지를 달았다　　180
영원한 파랑이　　182
명동, 추억의 사진 앨범　　184
수련원을 오르다가　　186
새벽 비 내리는 길목에서　　187
여름 벌레 소리　　188
저수지 댐이 보이는 곳에서　　189

맺음말　　190
작가 프로필　　192

여수 돌산에 머물다

돌산에 머물다
포구 위에서 잠을 자고, 떠난다
뜨거운 가슴의 울음소리 멀리서 들려온다
포구에 작은 어선들 조용하게 묶여 있다
그곳에 한때 어선과 물결 사이 다툼이 있어
나는 행운의 돌산 위에 있었다
여름 해는 얼굴에 검은 그늘을
드리운다
바람에 밀려서
여수에 왔다
선착장에서 아귀포 두 봉지 사 들고
해와 달이 머무는 바다는
하얀 가슴으로 나를 안아주었다

산 중턱에 푸른 솔

소나기가 내린다
어지러운 마음이 씻긴다
퍼붓는 빗줄기
산 중턱, 절로 가는 길을 적신다
하늘에 해 떠나지 않고
천둥소리 들린다

흰 소맷자락 흔들리면 멀미가 난다
낮은 곳에 가 있으라고
멀리서 아저씨들 씨름 소리 들린다
후드득 빗줄기에 뱃머리를 돌렸다
배를 타고 절산으로 가려다가
어느 섬에 내린 듯
해 너머 빗소리
솔나무 향기를 머금었다

산 중턱에 푸른 솔 새순이 돋았다

가을 숲

가을을 이해하면
귀뚜라미 소리가
들립니다
나무숲에
삶이 모였습니다
나뭇가지 위에
생명의 보금자리가
생겼습니다
고양이가 애교를 부리다
나무 그늘과 함께 앉았습니다
서로 사랑하는 이유가 되었습니다
사랑하는 모습은
이해하고
집을 짓고
삶을 함께 살아가게 합니다

숲은

어린 시절을 기억합니다

숲은 붉은 흙 속에서 빚어져

세상에 다시 태어났습니다

밤배, 그저 달밤에 가는

밤과 낮이 머무는
그림자 안으로
숨은 밤배, 바람이 머무는 섬

당신은 구름 속에 홀로 남은
바람이라고
나를 원망하며 이별했지
어디선가
가슴이 터지도록
자신의 하루를 자만했던 여인

홀로 남겨진 나
남은 그대의 빈자리
당신의 운명,
담을 수 없는 얼룩이었다고
말해줘,

그건 기다림뿐이라고

말해줘, 기다림의 긴 하루를

아침에 눈을 뜬

서투른 낮들을 위한

사랑의 기적이었다고

부러진 상처에

휘파람을 불면

은수저의 마술처럼

잠시 부유했던, 풍요로운 저녁식사

모든 것이 우스워져서

손가락에, 반지 하나만

남고

당신.

그대의

사랑, 진실, 눈물

말들을 쏟아내지,
순진하게 어리석다고
나와 당신 여전히 순수했다고
사랑의 목소리
말해줘, 밤배
그건 사랑이었다고

밤새도록
밤배, 그저 달빛에 가는
섬, 무인도에
별이 뜨는

감이 익는 가을날에

폭신한 감이
잘 익었다
두 그릇 사서
조심스레 집어들었다
추석이 지난
며칠 후에
할아버지 사진 앞에
한 접시 올렸다
향 하나 피우고 할아버지
잘 자란 손녀딸
그리고
그 감 한 접시.
뚝딱
냉큼 모두 드시고
손녀 딸에게 잘 가라 하셨을까

올 추석에는 감줄 길게 늘어진

곶감 농장이 무르익겠지

산에는 가을 물이 들었다

산에는
가을 물이 들었다
가을은
산을 물들인다
하루는
가을을 풍성하게 하고,
농부는 밭을 일구고
배추와 무를
한 포기, 한 포기
정성껏 농작한다
영혼은
거름 진 땅에 새싹을 심는다
풍작을 기다리는
산마을에 흰 눈이 내릴 것이다

원앙들은 북쪽에서 날아왔는지

원앙새 난다
물결에 떠다니는
붉은 새털의 새들이 곱다
동그란 머리 장식이 빛나고
그 원앙들은
북쪽에서 날아왔다
그리고 인천항에서
날아왔는지

옛날에 하늘을 날던
그 원앙들은
오랜 세월 지나고
이곳에서 둥글게 모여 헤엄친다
마치 여행에서 돌아온 듯
자신의 자리를 잡는다

붉고 푸른 빛깔의 원앙들은

물결 위로 헤엄쳐

인천 항구에는

곧 여객선이

닻을 내릴 것이다

그리고

바닷가 모래사장 위에는

내가 서있을 것이다

서도소리를 듣던 추석 보름달에

보름을 앞두고

추석을 기다린다

마지막 여름을 보내는

비 오는 날,

산기슭에 울려퍼지는

서도소리*를 듣는다

시원한 목소리

산비둘기 퍼덕이는 소리에

잠이 깼다

고운 한복을 입은

민요 가수들

한국의 멋을 노래하고

예전에

---

* 서도소리 : 평안도와 황해도를 중심으로 민간에서 주로 불린 남자의 노랫소리로 직업적인 소리꾼이 불렀으며 민요와 선소리, 시창, 잡가 모두를 포함한다.

장고를 배우던
오랜 기억이 떠오른다
모두 함께 노래 부르고
보름달 아래 커다랗게 원을 그리며
강강술래를 춘다
옛 마을 정든 어른들이 생각난다

비 내리는 가을날에
서도소리를 들으며
추석을 기다렸다

달을 놓칠까 봐 몰래 숨었다

하늘에 둥근 달
빛이 지지 않는다

낮에 뜬 달은
구름이 바람을 가리었다
바람은 구름을 데리고
나무숲을 지나가고,
달은 바위 틈 사이에서
얼굴을 내밀었다

달을 놓칠까 봐 두려워
나무 사이에 몰래 숨은 바람
두 팔을 높이 올려서
높은 나뭇가지가 되었다
달이 잠시
앉을 수 있도록

바람은 구름을 보냈다

달은 마침내
모습을 드러냈다
오늘이 아니면
한 해를 그냥 놓칠 뻔했다

종달새 날갯짓, 나뭇가지 사이로

다람쥐가 종달새를 보고
종알거리듯 뛰어간다
건널목을 지나서 가볍게 넘는 다람쥐
나무로 기어올라 쏜살같이 나무에 오르며
종달새 따라
나뭇가지에 오른다
종달새 날갯짓하고 나뭇가지 사이로
뛰어 앉아 다람쥐를 본다
나무 중턱에 앉은 다람쥐
날개를 편다

나무 중턱에 앉은 다람쥐
어느덧 깃털이 생겨 날갯짓 하는
종달새처럼 날아간다

여름날 나무 사이로 매미 소리가 들린다

바다를 기다렸다

바다가 그리웠다
방죽포에 가고 싶었다
하얀 백사장
해수욕을 하는 사람들이 있다
몇 해 동안 바다를 그리다가
그리움을 안고 길을 떠났다
바다를 사랑했다

파도가 철썩이는 곳에서
사랑하고 싶었다
하얀 백사장이
그리워 보고 싶었다
그리워 울고 싶었다

어린 아이가 보고 싶어
바다를

기다렸다

여행의 마지막 날,
천안으로 향했다

팬케이크, 바나나

내 생일,
짜다 조금 배가 고플까 그리고 교회에 갈까?
재킷을 입은 사내
망고 주스 두 잔과 포도주 한 잔을 주문하고
자리를 떠났다

호텔 안으로
현관문을 열고 들어간다
검은 벽에
엘리베이터 앞에서 '휴'하고 숨을 고른다
'하느님, 지금처럼 배부르게 도와주세요!'

고기 한 접시, 미트로프
팬케이크에 바나나를 넣고
벌꿀을 바른다

우리는 음식을 먹는다 영양분은 생각하지 않는다
대신, 정답을 찾는다
정답은 교회였다

*

로제 와인, 당당한 사람들
사이의 선택은
한 병, 두 병 더 마시며
한 여름 소나기에
누군가는 선택을 한다

*

수는 그녀를 기다렸다
높은 구조대 의자에 앉아서

모래 바닥 가득히
해수욕장의
수평선을 바라보며
물 위에 검정 튜브들
지구를 자전하는 데 도움을 주는 사람과 사람들
둥글게 둥글게
모여든다

내 사랑 M에게 보내는 마지막 편지

당신이 내게 잘 가라 했지
한때는 가까웠지만, 서로가 남이 되었지
새들의 노래처럼
사랑의 노래를 부를 거야
매일, 그리고 언젠가
당신은 나의 영혼이었다고
마음속에 이야기하겠지

그냥, 친구야! 사랑은 그만하자고
우리 그저 친구니까
내가 아닌 당신과 함께
영원을 맹세하며 입맞춤했지만 바로 돌변해서
그저 친구니까

친구에게 비 오는 날에 사랑한다고
고백했던 나는 슬퍼졌지

거짓으로 달콤한 자장가를 부르던 친구야
배를 타고 세상을 호기심 어린 눈으로 보는
바로 절대적 운율을 노래 부르던 친구!
부드러운 이야기 소리,
그를 미친 친구라고 부를 거야!

아랍의 어느 왕처럼 무섭도록 잘생긴
그를 그냥 잊으려고 하겠지 또다시
흐르는 냇물처럼 슬프게 흐르다가 서서히 사라지겠지

모든 것이 지나간 슬픔이라고
길에 흩어진 맥주병 조각처럼 깨진 꿈이여
모든 이야기들은 꿈속의 소중했던
나의 삶이라고
사랑의 일부였던, 당신은
밤새도록 노래를 부르고
하루 종일 함께 했지

M, 나의 친구야

나의 삶을 모두 가져간

노래를 잘 부르던 당신

조금 미웠지만, 모두 잊겠다고

그렇게 모질게 말하겠지

영혼을 흔들던

나의 친구

별들의 반짝이는 소리를

들을 수 있다고

사랑을 몰고 가는

한밤중의 별똥별을 보여준다고

그런 우리가 서로를 미워하게 됐지

별처럼 반짝이는

한때 사랑이었다고

여름 바다 마지막 연인

(여름바다가 그리운 이야기)

모든 사랑이 지겨워질 때가 있어요
내게 가장 멋진 인생이라면,
조금 섭섭해도 눈물을 흘리지 않을 거예요

사랑에 얼룩이 묻었어도
눈물을 흘릴 때에도
당신은 내게 그건 사랑이라고 말했었지

눈물을 쏟아도 괜찮아요
당신을 위한 날들이었다고
많은 일이 싫증이 나서 지겨워지고
그 많던 악마 중에서 당신을 고른 나는
모든 것이 사랑의 천국이었다고 말할게요

파도타기를 하는 연인들
그들의 사랑 이야기가 들려와요
사랑의 법칙이 있다면
나를 그곳으로 데려가서 알려줘요!

고독이라는 이름의 악마
아무런 일이 생기지 않아요
당신은 천국이니까
당신, 나, 우리의 아름다운 나날이었다고
나는, 그 중에 당신의 숭배자였으니까요!
커피 한 잔 그리고 방 한 칸
비밀스러운 일요일 낮에
속삭였죠
만남은 큰 잘못이라고

일요일 낮에 너와의 드라이브처럼

슬픈 별과 함께

나의 사랑아
사랑한다면
구름 가득한 날에도
함께 슬픔을 건너겠지
물소리 흐르고
물방울 뚝뚝 떨어지는
슬픈 별이 너를 따르겠지

서로 이기려 드는,
오늘처럼 흐린 날에도
당신 사랑을 지켜요 하고
비 오는 날 우산을 함께 들겠지

다시 한 번
내리막 길에 멈춰,
못잊어, 저 하늘처럼

환한 밤하늘
초승달

우리는
노래를 불러
빗방울을 담 듯
기억을 안고
단순한 이별조차
사랑하는 우리
많이
닮아가겠지

ㅁ자 마음 한 구석에

ㅁ자 마당이
가지런하다
돌담을 쌓아서
울타리를 만들었다
작은 키 향나무 여럿
장미나무, 석류나무,
그리고 사과나무를
심었다
마당 한 구석,
스탠드 등 하나
현관 앞 작은 분수대
분수의 물줄기가
물살을 일으키고
잔디밭 클로버 잎들은
둥근 바닥의
타일을 덮는다

마당 한편
개집에는
왕왕 짖는 진돗개 두 마리
녀석들, 잘 웃고 놀아서
토실토실 살이 쪘다
가지런한
ㅁ자 마당 한 구석에

죽은 영혼의 비애

슬픔이 생각하는 것처럼 단순한
감정이긴 하지만 그것은
단 하나의 슬픔이 아니고
행복이 뒤섞인,
슬픈 감정이라고
그래서 한꺼번에 유발된다고 단정 지을 수 없다
어쩌면 영혼은
손에 잡히지 않아도
감정을 지배할 수 있다면
지금 이 불행은,
어쩌면 내 안의 선한 가슴 때문이라고
말할 수 있을 것 같아
여러 경험이 큰 기둥이 되듯,
거대한 슬픔이 나의 실패로 이루어졌다면
그 또한 이해가 될 수 있다
슬픔을 벗고

기류 안에 갇힌

죽은 영혼은-

불행을 느낄 수 없다

흰 황새 한 마리

시월의 찬바람에
물결은 메말랐다
시든 연잎에
청둥오리가 노니는
가뭄이 싫어
비 오는 가을 날
한가로움이 좋았다

흰 황새 한 마리
여느 여럿 보다
희고 고운데
지난날의 걱정은
여럿이 노닐다 간
회색 깃털 황새처럼
훨훨 날아간다

모두 건강하길

넓은 날개로

물가를 가로지르며

자유롭길

기도했다

차가운 겨울바람에

어느덧

따스한 십이 월이 되길 바라며

회색어치들이 날아요

높은 성이 있어요
산처럼 높은 나무에
가지들이 뻗어요
초록 나무 가지 사이로
회색어치들이 날아요
긴 꼬리 어치는
이곳저곳 날며
높은 하늘을 봐요
높이 더 높이 날다가
서로를 부르며
사랑을 부르죠
마치 사랑 찾는 연인을 부르듯
짝을 불러요
큰 성에는 푸른 꿈이 가득하죠
날씨가 맑은 날, 날개에 윤이 나도록
날고 싶은 날에는

푸른 하늘 위를 나는 새들 무리는
작은 지붕을 덮을 만큼
우거진 숲이 되지요
회색어치들은
그 큰 보금자리
키 큰 나무를
떠나지 않아요

둥근달이 나무 그늘 아래에

둥근달이
휘어진 나무 그늘 아래
잠을 잔다

한밤중
시계바늘처럼 흐르는
단 하나의
시냇물 물소리
그 소리는 당신의
목소리처럼

이른 아침,
축축한 베갯잇
찬물에
손가락 담그는 것처럼
푸른 추억이라고

종이 위에

파랑 글씨를 남긴다

설탕 세 스푼의 여정

(오늘은 늦었다 단순히 그리웠다)

1.
가스레인지 위
작은 양철 주전자

물 끓는 소리 나고
그 옆에 원두커피를
종이 필터에 담아
시간을 보낸다

2.
냉장고에서
코코넛 밀크를 꺼낸다
흰 설탕을 조금-
커피를 준비한다

차례대로 즐비하게

3.

필터로 거른 원두커피를
찻잔에 붓고
흰 코코넛 밀크가
우윳빛 커피와 섞이며
달콤한 열대 과일 향이 퍼진다

4.

뜨거운 주전자를
조심히 잡는다

5.

설탕 세 스푼의
짧은 여정이

끝난다

커피는

다시 테이블로……

(늦은 오후에는

단순하게

커피 마실 시간을

넉넉히 남긴다)

가을날의 은행나무 길

숲에
가을 그림자
드리운다
낙엽이 바스락거리며
발에 밟힌다
해 지는 시각에
투명한 밤 공기
차갑다
낙엽 하나가
솔나무 가지에
잠시 걸렸다
바람에 밀려
떨어진다
물가에 수 놓는
바람결 따라
부드럽게 날아간다

호숫가 거닐다 떨어지는

은행잎을 밟으며

얇은 조각천처럼

낙엽이

땅을 덮는다

지난해의 은행나무 길이 벌써

일 년이 되었다

고목나무 꽃이 핀다

낙엽 지는 가을날
여름 바람이
발목에 스며든다

천천히 산을 오른다
둥근 나이테 속
고목나무에
꽃이 핀다
나이테 둥글게 모이고
암벽 위
암석에
그림을 새긴다
산들은
봉우리를 **뾰**족하게 세우고서

산새들의 노래

암석의 의젓한 바위는
조용히 나를 감싼다
쉬어갈까, 등을 붙일까
식어가는 땀이 시원하다
오르지 않으려 했는데
마음 속에 동산들이 여럿
봉우리를 내밀었다
깊은 산골짜기 바위에
나이 든 나무들이
숲을 감싼다

풍경화가 있는 의상실

창문이 있는 옆 자리

벽에 흰 셔츠
왼쪽 어깨를 기댄다

건너편 의상실에는

희미한 추억처럼
커다란 원피스와
소년의 재킷이
걸려 있다

아, 옆에는 잘생긴
젊은 남자가
여자친구 손을 잡고
밝게 웃고 있다

나는 말없이
그들을 바라본다
흰 셔츠의 붉은 자국처럼
기억도 그렇게 묻어간다

온양역에 갔다

온양으로 향했다
온천에 간다
역전에서
남편은 조용히 차를 세웠다

아침에 집안에서
누수가 생겨서
아래층 천정으로 물이 새었다

급한 마음에 아침은
순대 국밥을 먹었다
따스한 국물 한술에 마음은 바빴다

일요일 오후,
온천에서 돌아오는 길에
옛날 역전 바람이

다시 불었다
그 바람은 어쩐지
옛날의 온양온천 바람이
좋았다

오월의 바다

택시를 탔다
대천으로 향했다

오월의 바다
여름을
먼저 앓았다

흰 파도 소리
밀려오는 소리에
발목을 잡힌
젊은이들이
멋을 부린다

겨울 갈매기 떼는
이제 북쪽으로
날겠지

그날, 새장을 걸었다

해가 밝다
산을 오른다
터널을 지난다

푸른 솔잎의
시원한 바람에
땀이 식는다

숲의 정원
분수대 물줄기가
시원하게
솟아오른다

연못을 지나
고양이가 풀잎에 숨었다

커피를 마셨다
아버님을 생각하면서
잉꼬 두 마리를 샀다

파란색과 연두
죽은 흑문주 생각이 나는
아버님 댁의 흑문주

우리 집 발코니에 잉꼬
한 쌍의
새장을 걸었다

그날은
아버님께서
돌아가신 날이었다

앵무새가 새장에 앉았다

앵무새가
새장에 앉았다

여름 더위에 열기가 올라와
타일 바닥에
물을 뿌렸다

잉꼬는
옆 새장을 유심히 본다
말이 많은 잉꼬는
쉬지 않고 지저귄다

하늘빛 파란색 잉꼬는
작은 새 두 마리
새장 사이에
잣나무 가지가 흔들린다

매미 울음소리

모이 통에 앉아서

좁쌀을 줍는다

종종걸음으로 다니며

무더운 날에

시원한 여름을 지낸다

한여름 날에

곁에 있길 바라면서

여름 그림자

바람이 창밖에
그늘을 만든다
팔월의 여름은
푸른 내음을 남긴다
빗방울이 하나 둘
떨어진다
소나기에 창문을
조금 열어두었나?
먹구름이 베란다에 보인다
빗방울이 굵어진다
냇가에 물소리 요란하다
계곡을 타고 흐르는 물소리,
시원하다
여름은 지나간다 그림자를 남기고

연꽃에 빗방울 내린 날에

여름 바다에 가려 한다
지난 겨울에 서해에 갔었다
슬픔에 여름을 비웠다

다시, 가을에 가고 싶어
느티나무 한 그루
심으려 한다
여름을 그냥 보내련다

연못의 연꽃에
빗방울 내린 날에

아버님이 계실 것이다

책장에 가족 사진을 올리고

저녁이 늦었다
매미 소리 울린다
다시, 고요해졌다

어두운 밤하늘은
물 흐르는 소리가
더 크게 들린다

고양이가
책상 위로 살며시 올라온다

작은 책장은
두꺼운 추억 속에
자그마한 전구들로 밝혀진다

결혼 전

동해안으로 갔던
마지막 가족 사진을
책장에 올려놓았다

책장의
마지막 여행은
작은 서재가 되었다

흰 금붕어 사무실 어항에

수족관에 갔다
물속을 헤엄치는 금붕어 떼를 보며
흰 금붕어 한 마리를 골랐다
동그랗고 작은
검붉은 열대어는
그곳에 없었다

남편의 사무실 한편에
단정한 금붕어 어항을 두고
흰 금붕어 떼를 놓았다
조용히 헤엄치는
말 없는 위로처럼
그 자리에 머물렀다

계란 국수 맛의 비결

국수를 볶는다
노란 계란을 풀고
팬에 양파와 토마토를 넣고
노란 계란 국수는
삶아서 함께 볶는다
새우젓을 한 숟갈 넣어
맛이 진해진다
여름날 기운에
기분이 좋아진다
한결같은 소박함에 감사하며
간결한 준비는
계란 국수 맛의 비결
그리고 새 구경을 하려고
집을 막 나섰다

사랑앵무와 나무 십자가

어머님이 돌아가시기 전에
나무 십자가를 지녔다
작은 은 십자가 하나
주방에 걸린 나무 십자가 하나
고난의 날에 힘든 일을 이기려고
십자가를 나누었다

나무 십자가를 지금
새장에 걸었다
나무 십자가는 나를 지키고
사랑하는 사람들을 지킨다

사랑앵무 한 쌍은
부모님처럼 다정히
건강히 오래도록
함께 살면 좋겠다

새장 한편
카네이션 카드를 걸어놓았다
나의 붉은 칼라의 사랑앵무
콧잔등은 사납게 보이지만
날개는 크고 우아하다

잉꼬, 흰순이와 꺼벙이

어디에 가고 싶니?
새장의 문을 열며
달그락, 소리를 낸다

잉꼬 꺼벙이는
물그릇 위를 달그락
힘을 주며 소리를 낸 후
나를 지켜본다
새장 밖의 잉꼬는
거실에서 안간힘을 쓴다
제일 작은 꺼벙이는
항상 늘 행복해 보인다
잉꼬 흰순이는
문밖으로 나가려
있는 힘을 다해본다

나는 성탄절 장식 소나무

나무 집게로

자물쇠를 만들었다

샴 고양이 흰 깃털이 돋아났다

꼬리에
흰 깃털을 달았다
샴 고양이
새장 아래 대야 속 물을
가만히 들여다본다

좁쌀이 몇 알
떨어졌을 뿐인데
샴 고양이
시큰둥한 표정
긴 꽁지에
새의 흰 깃털이 났다
고개를 좌우로 흔드는데
비둘기 깃털이 엉덩이에
돋아났다
껑충 껑충

건강한 우리 집 고양이
우물에서 목을 축인다
고개를 아래위로 흔든다
아이들처럼
무언가를 배웠나
새장 친구들을 바라본다
샘 고양이가

팽이를 치던 안서동 길목에서

오르막 길에
빈집이 하나
기왓장이 고운 그 집
차를 마시던 기억이 있다
나무 그루터기 남아서
그 중에 큰 나무는 어리지만
입구의 낡은 발판은
더 이상 사람을 들이지 않았다

길을 돌아서
절로 가는 길
아이들이 뛰노는 장터였다

팽이를 치던 모퉁이에서
아이들의 웃음소리 들리고

냇가 근처에서
빨래를 하던
어린 소녀들은
개천으로 내려갔다
그리고 집을 짓느라
다리품을 팔았다

연탄불 돼지고기 집으로

해지는 언덕에
하늘이 빛을 바꾼다
나는 시외버스에서 내렸다

무거운 마음은
하루를 덜어내고
건널목 건너 연탄불 돼지고기 집으로

한밤에
커다란 책가방에 돼지고기 냄새가
스며들었다
고추장 연탄 불고기를 먹을 때에
연기 가득한 식당 안의
회색 시멘트 벽은
말없이 단단한
울타리가 되었다

연탄에 돼지고기를 굽는 날은
최소한 성공적인 삶을 꿈꾸던 날이었다

남산 오르던 길에

명동 건널목에서
남산으로 오르는 터널을 바라본다
큰 호텔과 옥탑방 얹은 작은 집들이
그대로 있다
자동차로 한참
올라가야 할 거리여서
사람들은 친구끼리 연인끼리
느리게 걷는다
흰 페인트칠 된 벽 너머
길 고양이들처럼
베란다에 촘촘히 붙은 난간을 타고서
살짝 멈추다 오르고 있다
중국집, 국숫집 문을 열고
옆집에는 포도주를 파는 주점이 있고
어느 유명 작가의 책상처럼
넓은 나무 탁자가 있는 곳

그곳은 내가 태어난 동네
가슴 아프게도 정겹던
이층 난간에 아버님이 서 계셨던
작은 축구 협회 건물
그 근처에서
아버님이 목마를 태워 주던 기억이 난다
아버님 이마를 두 손으로 잡고서
그 언덕을 올랐던 아이가
2023년,
나이 쉰을 넘기고
이제야 돌아왔다

나는 다시 그 길을
천천히 오르고 있다

겸손한 삶에 관하여

'가난한 삶은 적당히
부족한 삶이다'

가난한 삶은
스스로를 아끼는 삶이다
미래를 위해 미루는 삶이다

많이 가져도 남에게 자랑하지 않고
겸손을 품은 삶이다

욕망을 추억으로 대신할 정도로
작은 물건 하나에도
사랑을 배우는 삶이다

얻기 위해 노력을 해서
땀 흘리는 삶이다

건강을 생각하고
작은 생명들을 사랑하는
여유를 가진 삶이다

처음과 끝을 구별할 줄 알고
새로운 것을 향한 집착을 버리고
과거로 추상하는
자신의 즐거웠던 추억을
소중하게 여기는
이성적 삶이다

오늘 내가 가는 곳이
하느님의 성지라고
영원한 삶을 배우는 삶이다

종이놀이한 후 산을 오르고

9월의 바람이 따스하다 매미 소리 산 기슭을 울리는데 땅을 딛는 마음이 가벼워진다 솔나무 숲에 어깨를 기대어 기지개를 켠다 길게 숨을 들이마시고
하늘을 바라본다
자연은 평화를 준다 모든 잡념이 사라지고 내일을 생각하며 이기심을 버리고
다시 길을 걷는다
매미 소리 들린다 그리고
빛 속으로 걸어간다

앵무새는 새장의 종이카드를 잡아당겨서 흰 종이에 구멍을 낸다 그리고서 새장 한쪽에 매달리기를 한다
그 모습을 보면, 고양이 장군이가 생각이 난다
장군아, 부르면 녀석들 다가와 모이를 주어 먹는다
바닥에 놓은 신문지를 가지고
놀이에 열중한다

부리로 종이 끝을 풀어서
하얀 치맛자락처럼 날린다

빛에 기대어 잠자는 에디트

날개를 퍼덕이며 맴돌다가
종종걸음으로 돌아다닌다
노래를 한다
녹색 잉꼬 에디트는 지저귄다
노란 이마에
벼슬을 올린 에디트는
햇살을 바라보면서 기뻐한다

밤이면
불빛에 기대어 조용히 잠을 잔다

처음 집에 에디트가 오던 날이
나의 선물이었다
빛이 기운을 만드는
세상을 느꼈다

인천에 돌아왔다

인천에 돌아왔다
한때 색 고운 원앙은 찾을 수가 없었다
녹색과 붉은 깃털의 빛이 나던
그 찬란한 고운 색 원앙들

월미도에 돌아왔다
길 잃은 원앙들은
오랜 세월 지나
다시 자리를 찾는다
그날, 인천에 간 이유는
슬픈 기억으로 남았다
가슴이 아프도록
원앙들은
오랜 세월 제자리를 찾을 수가 없었다
그러나
지금

수많은 해가 지나 원앙은 날아왔다

하느님, 이 순간이 감사합니다

하느님, 지금 이 순간이 감사합니다

여행을 갈 때에도
하느님 곁에 있음을 감사합니다

밥을 먹을 때에도 하느님의 식탁 앞에 있음을
감사합니다

일을 할 때에도 하느님께 감사합니다

항상 하느님의 집에 있음을 감사합니다

지혜로운 때에도 하느님의 선택에 감사합니다

물건을 소유할 때에도 하느님께 감사합니다

그리고

나의 모든 삶에

하느님의 선택임을 감사합니다

느티나무 모퉁이 정원

집을 짓는다 행복의 노랫소리가

들리는

작은 새들이 지저귀고

사랑이 숨 쉬는

붉은 기와가 단아한 흰 벽

느티나무가 크다

모퉁이 정원을 돌아서

밭을 갈듯이

정원에 씨를 뿌리고

키 낮은 향나무 몇 그루가 서있다

흙을 밟을까

징검다리 돌을 놓았다

하나 둘 셋 뛰어본다

현관을 열면 거실이 보이고

작은 부엌 싱크대

분홍색 문갑이 예쁘다

이층 방으로 오르는 계단
햇살이 머문다
작은 창문으로 푸른 잎들이 반짝이고
숲의 싱그러움이 담긴다
방 두 개 나란히
문을 열고
난간 있는 베란다로 향하면
방에서 손 끝에 닿을 듯
느티나무 가지가 손을 흔든다
키 작은 느티나무 집이 생겼다

회현동 그 길에서

길을 따라
터널로 이어지는
자동차들의 뒷모습
수많은 해가 지나도
변치 않는 서울, 남산
건널목 앞에 서서
신호를 기다린다
외국인 관광객들이 많아졌다
키 큰 여인의 긴 다리가 보인다
가는 머리카락을 매만지며 함께 신호를 기다리고 있다
차도 옆, 익숙한 이름
관광호텔들
커다란 캐리어를 끌고
현관문을 나선 사람들

남산으로 오르는

회현동 골목길
어린 시절 길 잃을 뻔했던
자동차가 오를 수 없는
좁은 길목
겨울이면 손수레가 연탄을 밀고
올라가던 남산 언덕
검정 연탄 자국이
아직도 남았다
바닥의 깨진 타일에
아이들 발이 걸려 넘어지곤 했었다

아이들 소리로 시끌벅적하던 남산 회현동
소아과 병원에서
간호사가 아가의 체중을 재면
작은 눈금 위에서
아이는 울고 있었다

겨울날 장독대에 앉아서

사랑 꽃 피는 추억
분홍 장미 가득 피었다

비둘기 날아와
담장 위에 앉았다

키 큰 석류나무가
시원한 그늘을 드리운다

나무 그늘 아래
기대어 앉아
얼음물 한 잔을 마신다
비둘기들은 그 곁에서
놀이터를 만든다

장독대에서는 묵은 된장 냄새가

손이 닿지 않은 채
여러 개 남았다

현관 유리문에
자동차의 매연이 남긴
검은 자국 하나
한겨울 서울
사랑했던 추억이 그립다

월미도에 갔다

추석이 온다

흐린 날 아침,

나는 월미도로 향했다

마음을 정리하기 위해

월미도 옛집을 보러 갔다

추억 속 사진 앨범에 등장하는

모든 이들과 함께 평안하길 바라면서

벽에 시간의 자국이 남았다

시계를 거꾸로 돌린다
조금씩, 아주 조금씩
과거의 시간 속으로
숨을 곳을 찾는다
마음에 고향이 있고
즐거움이 있다
다시 돌아오지 않을
시간 여행을 시작한다
벽에는 지나간 시간의 못 자국이 남았다
흰 접착제로 구멍을 감추고서
하얀 칠을 해서 덮었다

더 멀리, 더 오랜 과거로
이제는 벽시계의 흔적마저 지워졌다
영원히, 영혼의 시각으로
돌아갈 수 있게

백로 한 마리 산 기슭에

하늘에
구름 한 점 없어
마음이 즐겁다

백로 네 마리 물가에 앉아 있다
흰 날개 하늘에 닿으면
부러울 것 없다
넓게 더 넓게, 높이 더 높이 날아라

산 기슭 오르다
냇가에서
백로 한 마리 목을 축인다
흰 목이 길어서
붉은 달빛보다
더욱 푸르구나!

가을날 여권을 만들었다

여권을 찾으려고 시청에 갔다
버스를 타고 터미널 앞에서 택시를 탔다
가을 나뭇잎이 붉게 무르익은
가로수 버스 정거장,
잠깐 앉아 여권을 가방에 넣었다

삼 년 동안 사용하지 않았던 여권을 갱신했다
가을이라서, 여유를 가졌다
아름다운 가을 날씨는
우연히 나무 벤치에 머물게 하는
가을 시간이 좋았다
모든 문제는
때가 되면 해결된다
오늘은 창문 틀에 앉은
검은 먼지를 털어냈다

혼돈의 시간은 오늘처럼

여권을 찾은 날에 사라져 버렸다

빨강 자동차를 타고서 산길을 돌아

1

지하 주차장에서 작은 소형차를 찾는다
K 회사에서 만든 제일 작은 모델
몇 년 동안 운전대를 잡지 않았다
시간이 없어서 그냥 주차장에 세워 두었다
시외버스를 타는 게 더 익숙했다
작은 미니카는
주차장에서 귀엽게 보인다
하지만 회색 색상 차를 선택했어야 했는데
생각할 시간이 더 필요했는데
그렇지만 처음 빨간 자동차 운전대를 잡으면
즐겁다
가을 중반, 11월 어느 날
집 근처에서 타보기로 했다
주차장에만 세우면 기계 부품이
나빠질 수도 있으니까

(고개 너머 터널을 지나갔다)

2

산길을 다시 조금 내려간다 공사 중인데 찻집이 많다

아, 조랑말 카페도 있다! 조랑말, 개, 오리, 앵무새를 볼 수 있어 반가운 곳 조랑말은 당근을 잘 먹지

당근 한 바가지를 사서 얼른 말에게 준다

힘이 센 조랑말은 바가지를 통째로 물어서 당긴다

눈이 크고 멋있는 흰 조랑말

앵무새는 새장 안에서 거꾸로 매달려 묘기를 부리다가 괴성을 지른다

하얀 물오리 여러 마리도 있다 오리들은 작은 연못에서 헤엄을 친다

냄새가 나지만, 품위가 있다

3

　커다란 샌드위치를 주문했다 계란이 들어간 양상추 하나 입에 넣으면 볼이 터질 듯하다 밖을 내다보니 작은 강아지가 실내로 껑충 뛰어온다
　귀엽고 잘생긴 얼굴로 애교를 부린다 잔디밭에 커다란 앵무새가 철봉에 앉았다 작은 꿩처럼 늠름하다

　그리고서 (빨강 자동차를 타고서 터널을 지나왔다)

나는 씨앗을 뿌리고 찌르레기는 집을 지었다

가을 나뭇잎이 떨어진다

흙이 보이는 곳을 디뎠다

산새들 지저귄다 찌르레기, 산새는 까만 머리 흑문주 보다 더 큰 녀석이다 그 새가

나무에 동그란 구멍을 낸다 새집을 꾸민다

나는 유심히 녀석을 바라본다

찌르레기 날개는 갈색 털인데 윤이 난다

주머니에서 비닐봉지를 꺼내 남김없이 해바라기 씨를 뿌린다

이제야 생각이 난다 언제부터 녀석은 높은 나무 밑에서 해바라기 씨를 뿌리던 사람을 지켜보고 있었다

낮은 위치에서 씨 뿌리다 보니 갈색 새를 보지 못한 것은 당연하다 지금처럼 씨 한 줌 모두 뿌렸는데도 이번에 처음 발견한 것이다

새로운 발견에 행복해하면서 날개를 펴는 갈색 새를 본다

씨앗 주변에는 언제나 내가 있고 새 집이 있고 갈색

찌르레기가 함께 있다

나는 씨앗을 뿌리는 사람이고

찌르레기는

집을 꾸민다

단순한 행복은 찾고 복잡한 문제는 멀리하고

문제 1.

　섭섭하다는 생각이 든다
　남편 몸이 좋지 않아서 병원에 갔다 갑작스레 여행을 가는 것도 나쁘지 않을 것 같다는 생각을 한다
　신혼 때는 여행을 자주 갔었는데
　그 시절, 단순한 행복 찾기는 복잡한 사고를 멀리하게 했다

문제 2.

　가끔은 스스로 시간을 갖는 편이 좋다
　남편은 내가 단순하다고 생각할지도 모르지만,
　그 단순함은 내 마음을 다스리는 방식이다
　문제는 조용히 풀기는 어렵다
　마음 가는 대로 훌쩍 떠나는 여행이 오히려 삶의 해답이 될지도

하지만 남편은 너그럽게 받아주지 못한다

문제 3.

TV에서 치앙마이가 나온다
"함께 여행을 갈까?" 단순히,
문제는 때때로 별 게 아니다. 지나고 나면 풀기 쉬운 것들.
그저, 남편은 내가 천사처럼 행동했다는 것을
인정할까

겨울 소리가 들리고서

반바지를 입었는데
겨울바람이 불기 시작했다
오늘 바람은 유난히 차갑다

나뭇가지가 서로 부딪치는 소리
큰 호수 살얼음이 깨지는 소리
누군가 순간 부르는 소리
겨울 소리에 인부들의 작업 소리가 섞인다
그런데 그 속에서
겨울이 끝나는 소리와 함께
얼음이 갈라지고
늦가을 바람처럼 낙엽 타는 소리가 들린다

겨울바람은 불고
노랑 개나리꽃이 그리운
11월의 한낮에

겨울 모닥불에 군밤 굽는 소리가
바람에 장작과 부딪치는 소리처럼 들린다

보고 싶어서 더 기다렸지

새장이 두 개 있어
문득 생각이 났어
보고 싶었지
조금 서두르다
다시 생각났지
가만히 앉아서
버스를 기다리는 거야
한 시간을 잘못 보았어
너무 일찍 도착해서
기다렸지
그러다가 한 시간을
보내야 했지

더 보고 싶어서

달지만 쌉싸름한 어렵지만 쉬운

한 해가 끝나간다
어제는 검정 코트가
참 편했다
한겨울에 가장 쉬운 일은
검정 코트를 입는 것이다

겨울비가 내리면
검정 코트가 등장한 프랑스 영화가 보고 싶다
화창하지만 추운 날에는
겨울 영화가 떠오른다
달지만 쌉싸름한 어렵지만 쉬운

그 이상의 문제는
내게 없었다
그건 나만의 비밀스러운 전략이었으니까

"텅 빈 방앗간에

소년은 훔친 많은 십자가 무덤을 만들었다

그리고 소녀는 '금지된 장난*'을 보았다"

---

* 영화, '금지된 장난(Jeux Interdits)' : Rene Clement 감독. 2차 세계대전 중 프랑스 농촌 마을이 배경이다. 피난 중에 고아가 된 플레트는 죽은 강아지를 안고 미셸을 만난다.

가극의 커튼을 쳤다

날씨가 흐린 일요일
아침에
겨울비 내리는
차가운 창가에
커튼으로 창문을 가리었다
중국 가극 가면들,
비슷하면서도 조금씩 다른 얼굴들이
머릿속에 오래 남는다
구름 낀 겨울 하늘은
중국의 붉은 가면들로
말린 장미 꽃잎처럼
거실에 장미 향이 가득하다

조금 더 기다리면
남편이 돌아와
초인종을 누르겠지

아르헨티나의 붉은 탱고

아코디언 탱고 음악
아르헨티나 탱고를 좋아하던
폴란드 친구 고시카
그녀는 탱고 강습을 좋아했는데
검정 마루 바닥을 미끄러지듯
휘감는 복잡한 다리 동작
빛의 사각지대
육면체 연습실에서
그녀는 숨을 내쉰다

최면에 빠진 듯한 탱고 동작
투명한 사랑을 찾는
사람과 사람들
태양의 탱고를 고른 것은
그날의 운명이었다
붉은 나무 바퀴가

동그랗게 구르던 흔적

아르헨티나 탱고 선율을
고른 것은
오늘의 우연이었다

분홍빛 금발머리 PINK BLONDE

"MARILYN MONROE-

GENTLEMEN PREFER BLONDES*"

PINK BLONDE
PINK PARAKEET
PINK PARADISE
PINK SOPHIA

All of loves for yours'
Flowers' kisses of love
at the nights of hearts'

A knight will come
With in memories

---

*'신사는 금발을 좋아한다(GENTLEMEN PREFER BLONDES)' :
메릴린 먼로 주연 영화 제목.

A rose of pink windy shadow
at the knight's living there
Our coming might be all of with
A star

한겨울 살얼음을 깨고서

아침 8시가 지났다
한겨울의 햇빛은 따스했다

먼지 하나 느껴지지 않아 거실은 봄 햇살처럼 포근하다
운동장을 내달렸던 것이 따듯함을 느낀 이유이다
솔직히 1~2도의 체감 온도는 예상보다 훨씬 높다

운동화 끈을 단단히 묶고 현관문을 닫는다
잠깐 망설이는 손끝
열쇠를 돌리는 손가락 감각이 조금 예민해졌다
출근하는 이웃들과 인사를 나누다가
누군가 내 겨울 솜 점퍼를 본다,
빨간 점퍼
1월의 날씨는 분홍 마스크로 감기를 예방한다
귀에 거는 끈이 풀려서 다시 매듭을 지었다
배낭을 멘 사람들을 지나며 문득,

나도 인천에 가기로 마음먹었다
평범한 날,
여행을 떠나고 싶었다

비탈길을 내려오면서
늦게 낀 털실 장갑이 살얼음 날씨에
찬물에 손을 담그는 것처럼 오히려 시원했다
차가운 겨울날, 살얼음을 깨고 몸을 담그는 건강한 사람처럼
그리고 한겨울 찬 물통에서 시원하게 몸을 씻던
흑문주 한 쌍이 생각났다

한겨울 얼음 연못에서

새가 많아졌다 꽁꽁 얼어붙은 호수를 오리발로
뒤뚱거리며 모여든다
밤색 청둥오리들은
이곳, 한국이 고향인 듯하다
솔나무 껍질처럼 고동색을 띤 오리들은
동그랗게 배를 부풀리고 얼음에 앉는다 그리고 헤엄친다.
얼음이 꽁꽁 언 바닥조차
겨울을 좋아하는 또 다른 새들처럼

물새들은 투명하게 꽁꽁 언 얼음을 즐긴다
한겨울 얼음 연못에
검정 오리떼가 날아와 함께 헤엄친다
녀석들은 겨울 호수를 즐기며
물가에 자리를 잡는다

농가의 키 큰 나무에 회색어치가

멀리 농가의 키 큰 나무에 회색어치 떼가 무리 지어 잠시 쉬어간다

채소밭을 가꾸는 분주한 손들이 몰래 주고 간 새 모이 덕분일까.

앞마당에는 행복을 부르는 지저귐이 울려 퍼진다

꼬리가 유난히 긴 회색어치는 내가 사는 태조산에서 유난히 예쁜 모습으로 쏜살같이 날아다닌다 녀석을 유심히 바라보다 발길을 멈추고 하늘을 올려다보면 세상에서 가장 기분 좋은 사람이 된다

우리 집 앵무새들은 유난히 예민해서 들리지 않는 거리에서도 하늘을 올려다보며 신이 나 지저귄다

그러면 잉꼬들은 낮은 목소리로 다급히 지저귀면서

'신난다, 우리 옆에 친구들이 날아다녀!

안녕히, 또 안녕히' 라고 말한다

겨울 소리가 흐른다

눈이 내린다 하얀 눈가루가 눈보라를 일으킨다
사각사각 산길을 걷는 발자국 소리

비 오는 소리보다 경쾌한 눈 내리는 소리
산새들이 숲에 숨는 소리
미세한 겨울 시냇가 투명한 얼음조각이 갈라지는 소리

자그마한 생명들에겐 하얀 솜 이불처럼 조용한 침묵의 소리

장작 타는 소리처럼 눈 내리는 소리는
평온한 농원의 아늑한 하루처럼

눈이 내려
그리운 겨울날에

흰 눈보라가 날린다

겨울 물고기

겨울바람이 부는 날
버스 정거장에는
아직 아무도 나오지 않았다

바람 부는 소리
눈 내리는 길
눈길이 얼어
살얼음 깬 냇가에
겨울 물고기들이 헤엄친다
산새들 어디로 숨었는지
해바라기 씨를 이따금 물고 가던 산새들
숲속 어딘가에
고요히 숨었는지
눈바람 사이로
시원한 산 내음이
불어온다

나의 파랑새

파랑 잉꼬가
쇠고기 국 냄새가 싫었나 보다
한동안
채소를 넣은
국 냄새가 싫었는지 그저 졸기만 한다

쇠고기를 싫어하는 잉꼬는 월요일에 내가 먹은
국 냄새가 싫어서 꾸벅꾸벅 가엽게 졸고 있다
다른 새들보다 네 달 먼저 태어난 파랑 잉꼬는
아버님이 돌아가시던
그날 내게 처음 찾아왔다

추운 겨울, 나를 지켜준
나의 파랑새

쌩떼밀리옹에 가고 싶다

'쌩떼밀리옹*', 붉은 포도주를 처음 마신 후, 몇 해가
지났다,
인천에서 포도주 두 병을 들고 버스를 탔다

와인 보다 더 긴 해가 되었을까

고운 빛깔은 저녁 날의
붉은 자줏빛
두 병의 적 포도주가
내 곁에 있다

어느덧 한 시간이 지나서
천안에 도착했다

---

* 쌩떼밀리옹(Saint Emilion) : 프랑스 보르도 지역 지명이며 포도주로 유명하다. 포도 품종은 멜롯.

눈 내리는 날에 멸치국수

봄날이다
지난 일요일, 진눈깨비가 내렸다
산마을에는 싸리눈이 내려
달리는 차도에 눈 바람이 분다

서울까지 겨울 바람은
눈을 실어 내달렸다

그런데 겨울 점퍼의 지퍼를
올리고 있는 남편은
시계를 보지 않는다
한때는 거리에 시계 장사꾼이 많았는데

눈이 내리는 거리
우리는 멸치국수를 먹었다
추운 봄 날,

돌담이 있는 국수집
구수한 멸치 냄새가
참 좋았다

행복은 새가 날아든다고

산에 살던 문주새 한 쌍이 한겨울 창가로 날아든다

해바라기 씨 두어 알 잽싸게 물고서
다시 날아간다

거실의 잉꼬들은 창밖에서 손님이 날아왔다고 서로
반기며 떠든다

나는 아침 창가의 작은 새집에 모이를 넣어 두었다

우리 집 행복한 시간은
바로 이 순간
창가에 해바라기 씨를 두는 것

그래서
행복의 시간은

창가에 매달려 있다

어제는 뾰족한 송곳 주둥이를 지닌
회색 새가 주인처럼 날아왔다
문주새 보다 더 크고
생김은 우스운 녀석,
식구가 한 명 늘어서
더욱 즐겁고 행복하다

피노 누아* 처럼 무섭도록 슬프게

조용한 시간을 보내려 한다 어려운 일로부터 벗어나
쉬운 삶을 찾으려 한다
만약 삶이 처음부터 쉬웠다면 나의 삶이 오히려 더 복잡해졌을 것이다 어려운 경험이 결국 편안한 삶을 가져다주니까

내 주변의 삶을 찾아보고 그리고 문제를 푼다
오히려 불행을 느끼기 때문에 살아간다 또 불행을 이겨내기 위해 산새들을 구경하고 고양이도 키운다

슬픈 기억은 영원히 남는다 그중 어떤 기억은 눈물 자국 조차 마르지 않을 정도이고 그 시간들은 다시 영혼들로 젖어있다

그래서 이따금 슬퍼도 잊을 필요가 없는 피노 누아 처럼
부드러운 붉은 빛의 포도주 처럼 무섭도록 슬프게도

---

* 피노 누아(Pino Noir) : 프랑스 보르고뉴 지역의 포도품종. 프랑스어로 '검은 솔방울'이란 뜻

숲에 피어나는 흰 그리움

비가 내려
하얀 안개가
깊은 나무숲을 숨긴다

별이 보이는 숲은
비 내리는 월요일
흰 그림자를 드러낸다

숲속에 숨은 사랑
오래된 추억
시냇가 흐르는 물소리에
조용히 잠이 깬다
오대산 깊은 숲속
깊고 차가운 물결은
지금 내가 살고 있는 마을에
그리움으로 다시 피어난다

문주새 한 쌍이 나뭇가지에 앉았다

산의 산새
문주새 한 쌍이 나뭇가지에 앉았다
먼 길을 날아왔을까
내가 가는 길이 좋았을까
반가운 산새 한 쌍은
깃털처럼 가볍게 분주했다

예전에 아버님과 마지막으로
흑문주 한 쌍을
친정 근처 수족관에서 데리고 왔었다

아버님과 남은 생애를 함께 했던 새들은
지금은 나의 일곱 마리의
새들이 되었다 그리고
어여쁜 색의 앵무새들과 함께
마지막 흑문주의 추억이 남았다

밤은 마음을 닮았다고 한다

밤은
호수의 깊은 밤하늘을
닮았다고 한다
밤은
차가운 겨울 소리를
닮았다고 한다

배 띄우는 선착장은
여인의 마음을
닮았다고 한다

겨울철 오두막은
잘생긴 이름의 문을 여닫는
어느 집 바닥의 돌 타일을
무척 닮았다고 한다

파리 하늘에 푸른 눈물을

'에디트 피아프*',

파리의 하늘은 항상 눈이 부시도록 아름답다

그녀의 목소리는,

단풍잎 떨어지는 가을의 가로수 길처럼

붉게 물든다

내가 만약 그 길을 함께 걷는다면

파리의 푸른 하늘에

푸른 눈물을 흘릴 것 같다

파리에는 나의 추억이 있다

한때 배낭여행으로 찾았던 그곳, 하지만

에펠탑에는 오르지 못했다

언젠가 다시 파리에 간다면

---

* 에디트 피아프(Edith Pia) : 가수, 프랑스 샹송의 여왕. 1915년 12월 19일 파리에서 태어났다. 2차 세계대전이 끝이 날 무렵 히트곡을 내놓았다. '장밋빛 인생(La Vie En Rose)1946'과 '파리의 연인들(Les Amants De Paris)1948' 등이 있다.

그것은 시작이면서 동시에 끝이 될 것이라고

자유의 하늘에 바다 빛을 달겠지

파랑 돛을 단다
파란 바닷물을 닮은
커다란 배의 돛을 달아
흰 밧줄로 묶자
줄에 돛을 달면
바다를 향해 나아가는 붉은 요트처럼
인생의 푸른 하늘빛을 달겠지

여름에 돛을 달고 가을에 추수를 하고
높고 험한 바위섬에 닿으면
푸른 인생이 되겠지

넓은 세상에 관심을 갖고
아이처럼 즐거우면
그러면 언제나 자유를 얻겠지

한밤중, 반미 바게트를 굽다가

밤 11시가 되었다
어두운 밤하늘에는 새소리가 나지 않는다
거실 새장 안의 새들은
소파에 누운 나를 쳐다본다
가만히 반가운 손님처럼
갸우뚱 고개를 흔든다
낮잠 자던 나를 쳐다보며
한 지붕 식구라고
말없이 고개를 갸우뚱 거린다

지난 주말에는 베트남 식료품 가게에서
반미 바게트를 사왔다
오븐에서 빵이 익는다
구수한 냄새에 양배추를 썰고 소스를 뿌린다
음식에 프랑스 문화가 느껴진다

한밤중에 반미 바게트를 굽는 냄새에

새들이 다시

분주하게 지저귄다

삼월에 연둣빛이 들었다

솔잎에
연둣빛이 들었다
삼월의 소담스러운
봄 향기가 피어난다
행복한 빛이
반짝이는 삼월에
개울가에 흐르는
물소리가 반갑다
아침에 찾아오는
꼬챙이처럼 부리를 한 새 한 마리
큰 호수에 원앙들을 부른다
봄 하늘에 어울리는
헤엄치는 친구들이
모두 모였으면 좋겠다고
하늘 저편에도
행복한 오후의 햇살에

어린 아이들이 뛰어놀면

정말 좋겠다고

밤 11시 30분, 기억의 바늘처럼

밤이
적막을 깨트리고
꿈속에서 깨어난 현실이 고요하다
지금은 밤 11시 30분, 자유로운 영혼은
인간의 잡념에서
조용히 벗어난다

사람들이 꿈속으로 떨어지는 시각에
가냘픈 영혼 하나
과거의 흔적 앞에 서 있다

살아 있다는 것은
눈앞에 쌓인
작은 추억 조각들
소중했던 시간들은
책장 안에 숨겨진

세상의 흔적을 만든다
책들로 쌓인 시간의 울타리 그리고
기억의 바늘처럼 흐르는 시간들

바닷가의 자유인

샤워기에서
물방울이 떨어진다

자동차 보닛에
떨어진 하얀 새똥!

싱크대에 물 떨어지는 소리가
점점 크게 들려왔다

바닥에 이부자리가 마치 웅덩이처럼 깊이 들어갔다
적막한 밤,
낮이 오지 않는 내면의 밤에
나는 갇힌다
더없이 넓은
바다를 그리는 것 본능이었을까
눈을 감으면 내면의 세상이 활짝 열린다 정오의

뜨거운 태양빛이 눈을 찌르고

멀리 파도 소리가 들려온다

저녁 식사 무렵

이웃집에서 고등어 굽는 냄새,

바삭하게 타는 생선 살점은 짙은 바다 냄새를 풍기고

내일을 걱정할 필요가 없는 꿈같은 세상은

바닷가 푸른 물결 품은 자유인이다

남색 꽃이 피는 계절에

작은 화분들 사이로 걸었다
작은 나뭇가지들 사이로 걸었다
묶여있는 묘목 가지들은
따스한 봄 햇살 비옥한 땅으로 갈 채비를 한다

포도나무 가지들을
마당에 심으면 어떨까 그 옆에는 사과나무도 좋겠다

덩굴장미가 자라나
소담스럽게 피어나는 상상을 한다

그런데 우리 집 고양이가 가시 많은 장미나무를
만질까 걱정이다

작은 파란 꽃이 피는 화분들
신기한 분위기가 감도는 밝은 남색의 '베를린 블루'라는

꽃 화분을 골랐다

작은 화분 하나를 고르는 일은
봄의 화원을 꾸미는 일이다

시골 길에서

해바라기 씨를 찾는 문주새 앞에
목련 꽃송이가 조그마한 꽃 봉오리를 드러내며
환하게 필 듯 말 듯하다
흑인 프랑스 재즈 가수의 노래를 나보다
우리 집 잉꼬들이 더 좋아한다

나는 누빔 조끼에 야구 모자를 쓰고서
이른 봄바람을 맞으며 신비탈을 걸어 내려왔다

길 따라 자전거 도로가 시골집들 사이로 지나가고
벚꽃은 고상한 자태로 나뭇가지들을 뻗는다

개천에 물 흐르는 소리에 푸더덕 물오리들이
민첩하게 자리를 떠난다 아마도 흰 집오리들이
한옥집 마당에서 놀고 있다면
참 보기 좋겠다

흰 새똥이 검정 자동차 위에

하얀 새 똥이 어깨에 떨어졌다

영화 '블랑*'에서

주인공은 급히 법원으로 향하고 있었다

이혼을 원하는

부인을 만나려고 가는 길이었다

우연히 떨어진 하얀 새 똥은

앞으로 이혼할 신부의 드레스처럼 믿을 수 없을 만큼

정말 재수 없는 하루였다

*

그런데, 검정 승용차에 떨어진 하얀 새 똥은

완전한 행복처럼 위장해서 다가온다

달아오른 자동차 보닛 위

---

* 블랑 : 영화,'세 가지 색 화이트 (Trois couleurs Blanc)'의 영화 감독 Krzysztof Kieslowski의 시나리오.

흰 똥은 가루가 되어
날아간다

검정색의 흰색의 똥 가루처럼 떨어져 나가는
검정 자동차의 흰 먼지처럼
걱정할 필요가 없는 저녁 식탁을 상상한다
흰 드레스의 불운 보다는
고급스러운 검정 승용차가
오히려 더 선하게 느껴졌다

크레파스 빛 조약돌이

프랑스에 가고 싶다
아직 날짜를 정하지 않았다
한때 마음속에 언덕 개울이 흐르고
빠른 물길 같은 작은 골목을 돌아서
고목에 핀 매화가 자태를 뽐내고 있었다
칠이 벗겨진 난간
나이를 알 수 없는 옛 길이 있고

물가 근처에서 하얀 집오리들이
쉬엄쉬엄 노니는
투명한 수면 아래로
알록달록 크레파스 빛 조약돌이
고운 색을 비춘다
손을 넣어 한두 알 집어볼까
노란색과 청록색을 고르겠지
여름 슬리퍼를 벗고서 발을 담그면

작은 송사리 떼가 모여 흩어지는 곳

그곳처럼 맑은 물 안에는

형형색색 조약돌이 보석처럼 반짝인다

벚꽃이 피는 계절

하얀 꽃길이
유량동 냇가를 따라 피었다
일요일, 햇살 좋은 날씨에
사람들은 벚꽃처럼 즐겁다
중학교 담장을 따라서
벚꽃이 흩날리고
학생들 웃음소리마저
하얀 꽃잎처럼 둥글고 가볍다

한 가족이
삼각대를 놓고서
벚꽃을 배경으로 사진을 찍으려고 하는데
맨 앞에 서있는 나는 그들을 보면서
'벚꽃이 피는 계절'이라고 이름 지었다

거북이가 자란 아프리카에서

세월이 흘렀다
시원한 바다 냄새, 푸른 해초의

밤새도록 파도 소리를 들으며
옛날 어린 시절을 떠올렸다
해 뜨고 지던 여름바다
바닷가 조개껍질이 모래 사이에서
반짝이던 그때의
그 추억이 그리워서
나는 대천역에서 내렸다

오늘, 산에 부는 바닷바람을
느끼면서
나는 산 밑으로
빨리 걸어 내려왔다

연못의 잉어 두 마리 앞에
작은 거북이가
연잎 줄기 아래에 숨어서 고개를 내민다
아프리카 대륙의 검정 거북이처럼
의젓하고 강해 보였다

바닷바람이 그리워서
바다를 보러 나선 검정 아프리카 거북이
햇살 좋은 날에 반가운 사람 만났다고
기다린 척 했다

어치와 까치 그리고 산비둘기

사물놀이 노래 듣다가 거실에 앉아
점심을 먹는다
집 밖의 나무 꼭대기에서
커다란 까치 한 마리가 유심히 실내를 들여다본다
순간 녀석과 눈이 맞은 나는
놀라서 눈을 번쩍 뜬다

어치 한 마리가 대각선을 그리며 날아간다
까치도 그 뒤를 따라 총총 날아간다
잠시 그 회색어치 날아와
얌전히 앉는다
싱겁게도
빈자리 하나 남긴 채

지금은
창밖에

구구 구구 소리치며 날아든 산비둘기

머리를 떨군다

땅콩만 한 새알 하나를 남기고서

아침에 일어나 보니
새장에서 죽은 잉꼬 한 마리
커다란 놈을 들어 거즈 손수건으로 감싸고
베란다에 놓은 헌 새장에 올려놓았다 가슴이 아팠다
오래 살았으면 좋을 텐데
새알 하나 남겨놓고
녀석은 하늘나라로 갔다
보고 싶은
눈 큰 못난이라고 부르던 녹색이를 두고
급하게 운동화를 신고
산길을 따라 뛰어내려갔다
하늘에서 보슬비가 내렸다
잠시 비를 피해 쉬어가기로 했다

이제 새장에는 잉꼬 세 마리와
땅콩만 한 새알 하나가 남았다

알 껍질이 오전보다 더 딱딱해졌는데
며칠 더 지켜봐야겠다
녹색이처럼 건강한 아가 새가
태어나길 간절히 바라면서

하노이의 좁은 길에서

하늘 아래
해 질 무렵
'호안끼엠' 호수를 두고
높고 작은 건물들 사이
과거 정겨운 여정이 스친다
도시의 깊은 밤에
비 내리는 테라스

길가, 작고 낮은 의자들 위에
키 큰 외국인들이 앉아 있다
그 틈을 오가는 맥주 거리에서
맥주를 나르는 가게의 사람들
분주했던 일요일 저녁의
더운 날씨 탓이다

한여름, 열기에 시원하게 골목에 앉아

국수 한 그릇으로 저녁식사를 하며
거리의 편한 의자에 앉았다
그리고서
흰 건물 안 하얀 계란 거품으로 유명한
계란 커피를 마시러 갔다
오래된 높은 성처럼
좁고 작은 계단을 오른다
끝없이 이야기가 나올 것 같은 좁은 길
길쭉하지만 아담한 실내에 들어선다
하얀 창문에
수많은 이야기들의 페이지가 나부낀다

지금도 과거의 연인들처럼
사랑하는 사람들과 함께 추억을
쌓아 올리겠지

야자나무는 녹색 날개를 펼치고

마당* 한가운데
타일이 깔린 뜰 위에
큰 항아리 하나,
야자나무가 자랐다

키 큰 야자나무는
하늘을 향해
창문처럼 열리고
녹색 날개를 펼친다
낮은 노란 난간은
더운 열기에 칠이 벗겨지고
야자나무 그늘 속에
오롯하게 앉아 있다
점심시간이 지나고
대문이 열릴 무렵,

---

* 하노이 마머이 87번지 고가옥에서

어둠 속에
빛의 문이 열린다

야자나무가 하늘을 향해 펼친 녹색 날개 나무집
나는 우두커니 서서
공작새 그림을 바라본다

딱따구리 한 마리 연잎 사이에

딱따구리가 연잎 사이를 거닐다
물을 마시려고 잎사귀 하나 지녔다
바람결에 잎새 줄기 흔들리고
긴 부리로
짝을 부른다
송곳처럼 긴 부리 새들은
넓적한 연잎을 부비며
기분 좋은 햇살을 즐긴다

회색 깃털 황새
숫자 2를 닮은
가는 몸으로
마네킹처럼 멈춰 서서
왼쪽을 바라본다
기다란 목을
왼쪽으로 뻗어 향하고

건널까 말까 망설이다가
가는 다리를 살짝 내딛는다
느릿하게 연잎 사이 물가를 걸어간다
물속에 물고기 한 마리 몰래 지나친다

제물진두 성당에서

제물진두 성당에

하얀 양란을 놓았다

한 포기 높게 솟은 꽃줄기가

단아하다

바위 암자는 오래되어서

오랫동안 그 자리에 있었던 것처럼

세월이 흘렀다

그 길을 돌아서

차이나타운을 들어갔다

옛 배 항로 선박 회사

낡은 건물이

그 자리에 남았다

한 해가 지나서

다시 그곳을 찾았다

해가 지고

다시

여러 날과 달이 지나도
항상 그 곳은 변하지 않고
영원했다
모두들 평안하시길 바라면서
그 자리를 떠났다

흰 표식을 하기도 했다

기억한다
연 날리던 아이들
검정 전봇대 전깃줄에
흰 표식을 하기도 했다
신촌 연남동 집 앞
수도 공사로
땅이 파헤쳐졌고
내 머리 속에는
그 개나리 빛 추억들을
제일 책장 위 칸에 올려놓았다
닮은 기억들을 담은 여러 사진들

어제가 지나 오늘 아침 갑자기
소나기가 퍼붓는다

몇 해가 지났는지 거의 십 년이 된 것 같다

그동안 가슴이 아팠다
부모님께서 세상을 떠나시고
나는 인천역에 돌아왔다
한국 전쟁의 역사
분쟁의 시간들
길에서 깡통을 차고 축구를 하던 아이들
폐허들 속에서도 살아남은 사람, 사람들

이제는 꿈을 찾기로 했다

그리고
아버님 영원히 평안하시길 기원합니다

태조산은 여름이 좋다

태조산은 여름이 좋다
긴꼬리 회색어치들이
시원하게 날아오를 때
그 모습이 참 익숙하다
작은 문주새 몇 마리,
봄 한철
우리 집 베란다 앞을 자주 찾아와서 반가웠는데
대천에서 하룻밤 여행 다녀온 후
창밖을 보니,
커다란 어치들이
전깃줄에 종종 앉기 시작했다
속상한 마음에 해바라기 씨 껍질을 베란다 앞에
놓았다 예전의 작은 산새들은 어디로 떠났을까?
이름조차 정확히 모를 새들인데,
송곳처럼 부리를 가진 찌르레기는
우리 집 근처에 좀처럼 오지 않는다

하지만 지금처럼 구구하며 노래를 부르는 산비둘기는
대천에서 돌아온 다음날에 갑자기 찾아왔다
덩치는 제일 크지만 자주 찾아오는 새는 아니고
노랫소리도 그다지 예쁘지 않다
내가 살고 있는 태조산은
여름이면 제법 즐겁고 행복으로 가득하다
그래서 이곳을 오고 가는 사람들은
하나같이 부러워한다

즐거운 회색어치 세 마리가

회색어치 세 마리가 귀엽게 전깃줄에 앉았다
즐거운 일은 함께 하자고
회색 긴 꼬리를 펴고서 우리 집 베란다를 응시한다
까맣고 동그란 머리와
반짝이는 눈매가 귀엽다
거실 새장의 작은 새들이 지저귀는 소리를
좋아하는 것처럼
회색어치는 가만히 귀를 기울인다
그리고 유별나게 모란앵무의 까부는 소리를 듣고
밖에서 호기심이 생긴 회색어치들
거실 안을 들여다본다
어치는 인기척을 살피며
혹시 문이 열리면 거실로 들어갈까 망설인다
하지만 나는 문을 열지 않았다
내가 기르는 새들이 다칠까 봐

오리 열 마리 사각 바구니 안에

새끼 오리 열 마리 제법 컸구나
머리 크기를 보니 엄마 오리만큼 자랐네
갈색 깃털 오리들이
원을 그리며 맴돈다

꿈속에서 새끼 고양이 네 마리가
사각 바구니 안에서 재롱을 부렸는데
지금 내 앞에 앉은 샴 고양이
책상에서 여전히 애교를 부린다

어미가 되어서
새끼를 낳을까? 사각 바구니 안에

나무숲을 만들자

숲을 만들자
벌과 새들이 날갯짓 하는
클로버 꽃술을 따서
흰 꽃밭 정원을 만드는
단 하나
나무숲을 만들자

숲 소리를 만들자
음악이 흐르는
숲속의 새들이 노래하는
숲을 만들자
단 하나
푸른 숲을 만들자

씨클로를 기다리며

베트남에서 찍은 사진에
흰 옷을 입은 여인이 있었다
씨클로가 큰 나무 아래 서있고
그 여인은 핸드폰을 보고 있다
한낮에
느티나무 아래에서 쉬는
그 여인의 흰 옷은
어둡고 키 큰 나무와 강한 대조를 이룬다
오랜 세월 나이를 먹은 키 큰 나무는
베트남 역사를 말하고 있었다
씨클로는 아직도 자동차가 오가는 도로에서
관광객을 태우고 달려간다

나는 밤색 긴 원피스를 입고서
씨클로를 탔다
마차 좌석에 앉아

내 등 뒤에서 자전거 페달을 밟는
운전기사 아저씨의 전화 소리가 들린다
과거와 현재는
순간
내가 앉은 씨클로에서 시작된다

옛 길을 걷는 그리움

계곡을 흐르는
맑은 냇물처럼

부지런한 녹원의 동네에
여름비가 내린다

옛 골목마다
그리움이 생기고
옛길을 걷는 나는
정겨운 발걸음마다
할아버지가 항상
곁에 계셨다

오늘, 둥지를 달았다

오늘
베란다에 작은 둥지를 달았다
분홍 꽃을 붙여서 지나던 새들이 날아오길
바라면서

지금, 벌 한 마리 윙윙거리며 맴돈다

숲에는
벌이 날고 새가 날고

우리 집에는 새들이 바스락거리며
모이를 먹는 분주한 시간
소박한 행복이
즐거워서
마냥 새들이 지저귀는 소리를 듣다가
문득 욕심이 생겨서

베란다 밖에서 날아다니는 회색어치 떼를 본다

그러면 우리 집 작은 새장의 새들은
또 즐거워서 마냥 지저귄다

영원한 파랑이

파랑이 A.
파랑이가 죽었다
일 년을 넘긴 잉꼬
슬픔을 견디면서 죽음을 보았다 나의 사랑
가여운 파랑이는
조용히 눈을 감았다
길게 누운 모습
파랑이는 제법 나이가 들어 보였다
나는 가슴에 안고서 작별 인사를 했다
안녕히, 사랑해

파랑이 B.
파랑이는 살아 있다
모이를 열심히 먹고 있다
두려움을 잊으려고
모이통에 매달려 있다

그날은
종종 걷던 파랑이를 보았다
회색어치를 부르던 순간 파랑이는 살아났다
그리고 다시 나의 가슴으로 돌아왔다
영원히, 사랑해

명동, 추억의 사진 앨범

명동 길, 한 여름의 무더위
수많은 사람들이 섞인다
중국 대사관 앞
뜨거운 여름날
여러 나라에서 여행 온 여행자들
그 모습이 그립다
오히려 미성숙한 즐거움처럼 느껴지는 여정
젊은 날의 추억 그렇게
그리운 과거를 떠나보낸다

슬프다는 것도, 즐겁다는 느낌도
시간 속에 쌓이는 추억처럼
사랑이 된다, 우리가 된다

오늘도 우리가 사랑할 수 있는 것은
명동을 함께 걸으며

한여름에 즐거움을 만들었기 때문

과거 추억의 사진 앨범처럼

슬픈 기억들 조차

젊음의 여정이 남기고 간

행복한 시간으로 남았다

수련원을 오르다가

파리에서
올림픽이 시작된다

무더위에
땀 흘리는 선수들

지금 수련원을 오르는 나는

목에 두른 손수건이
축축하게 젖는다

새벽 비 내리는 길목에서

새벽으로 가는 한밤중에
소나기가 내린다

마루 바닥에 누워 잠들다가
비바람이 반가웠다
밤늦게
시원한 풀잎 향에

잠이 깬다

귀뚜라미 소리
새벽으로 가는 소나기는

점점 멀리 지나간다

여름 벌레 소리

여름 바람이 분다

여름 태양빛에
서늘한 그림자
그리움은
팔월을 지나
시골 논밭의
여름 벌레들이 지나간
추억의 흔적

여전히
단 한 가지

한결 같은 나

저수지 댐이 보이는 곳에서

물가를 비추는 전구들 아래
아늑한 기분이 들었다
저수지 댐이 보이는 자리
시원했다
지금 바라보는
수평선이
무엇보다 넉넉하다

처음 오는 길처럼
멀게 느껴졌지만 한 해 두 해 지나서
벌써 십 년이 흘렀다
물이 보이는 곳
둑 너머, 산 너머
굽이진 산길 따라
지금 이곳에 살고 있다
자연이 있어 넉넉하다

맺음말

'공작새' 중에서

메이는 공작새 그림을 본다.
그 그림처럼 녹색의 깃털이 떨어진 날
이상한 생각이 들어서
그 새의 눈동자를 보니 메이를 응시한다.
노래를 불렀다. 메이는 공작새를 위해서,
"푸른 창공, 하늘 위로
길고 긴 가는 허리의 공작아,
머나먼 시간을 날아서
내게 화려함을 보여주오
그리운 내 모습을 닮아
긴 꼬리를 가졌구나
보여주오, 날아가오
살며시 내 머리 위에
단꿈을 꾸었다오 놓아주오

시작을 위해, 사랑을 위해

자신을 사랑한

새가 되어주오

내 사랑 공작새"

그러던 중, 갑자기 메이는 공작새의 눈동자로

깊이 빨려 들어갔다. 머리가 갑자기 아찔하다가

차가운 기운이 이마를 스친 후

얼음 조각을 댄 듯이 정신을 잃었다.

풀잎 냄새가 느껴졌다.

그리고 손가락에는

붉은 진흙이 묻었다.

작가 프로필

시인   이 승 현

Oklahoma City University, Master of Education 2003.
남서울대학교, 영어과 2000.

시집 발표

시집 '어린 슬픔의 연가' 2014
시집 '부엌 창가의 회색 고양이' 2016
시집 '고양이와 호랑이와 수정과와 곶감' 2021